中华人民共和国政府信息公开条例

最高人民法院关于审理政府信息公开行政案件适用法律若干问题的解释

中国法治出版社

中华人民共和国政府信息公开条例
最高人民法院关于审理政府信息公开行政案件适用法律若干问题的解释

ZHONGHUA RENMIN GONGHEGUO ZHENGFU XINXI GONGKAI TIAOLI
ZUIGAO RENMIN FAYUAN GUANYU SHENLI ZHENGFU XINXI GONGKAI XINGZHENG ANJIAN SHIYONG FALÜ RUOGAN WENTI DE JIESHI

经销/新华书店
印刷/保定市中画美凯印刷有限公司
开本/850毫米×1168毫米 32开   印张/1 字数/12千
版次/2025年5月第1版   2025年5月第1次印刷

中国法治出版社出版
书号 ISBN 978-7-5216-5366-3   定价：5.00元

北京市西城区西便门西里甲16号西便门办公区
邮政编码：100053   传真：010-63141600
网址：http://www.zgfzs.com   编辑部电话：010-63141673
市场营销部电话：010-63141612   印务部电话：010-63141606

(如有印装质量问题，请与本社印务部联系。)

目　录

中华人民共和国政府信息公开条例 ……………（1）
最高人民法院关于审理政府信息公开行政
　案件适用法律若干问题的解释 ………………（20）

中华人民共和国
政府信息公开条例

(2007年4月5日中华人民共和国国务院令第492号公布 2019年4月3日中华人民共和国国务院令第711号修订)

第一章 总 则

第一条 为了保障公民、法人和其他组织依法获取政府信息，提高政府工作的透明度，建设法治政府，充分发挥政府信息对人民群众生产、生活和经济社会活动的服务作用，制定本条例。

第二条 本条例所称政府信息，是指行政机关在履行行政管理职能过程中制作或者获取的，以一定形式记录、保存的信息。

第三条 各级人民政府应当加强对政府信息公开工作的组织领导。

国务院办公厅是全国政府信息公开工作的主管部门，负责推进、指导、协调、监督全国的政府信息公开工作。

县级以上地方人民政府办公厅（室）是本行政区域的政府信息公开工作主管部门，负责推进、指导、协调、监督本行政区域的政府信息公开工作。

实行垂直领导的部门的办公厅（室）主管本系统的政府信息公开工作。

第四条 各级人民政府及县级以上人民政府部门应当建立健全本行政机关的政府信息公开工作制度，并指定机构（以下统称政府信息公开工作机构）负责本行政机关政府信息公开的日常工作。

政府信息公开工作机构的具体职能是：

（一）办理本行政机关的政府信息公开事宜；

（二）维护和更新本行政机关公开的政府信息；

（三）组织编制本行政机关的政府信息公开指南、政府信息公开目录和政府信息公开工作年度报告；

（四）组织开展对拟公开政府信息的审查；

（五）本行政机关规定的与政府信息公开有关的其他职能。

第五条 行政机关公开政府信息，应当坚持以公开为常态、不公开为例外，遵循公正、公平、合法、便民的原则。

第六条 行政机关应当及时、准确地公开政府信息。

行政机关发现影响或者可能影响社会稳定、扰乱社会和经济管理秩序的虚假或者不完整信息的，应当发布准确的政府信息予以澄清。

第七条 各级人民政府应当积极推进政府信息公开工作，逐步增加政府信息公开的内容。

第八条 各级人民政府应当加强政府信息资源的规范化、标准化、信息化管理，加强互联网政府信息公开平台建设，推进政府信息公开平台与政务服务平台融合，提高政府信息公开在线办理水平。

第九条 公民、法人和其他组织有权对行政机关的政府信息公开工作进行监督，并提出批评和建议。

第二章 公开的主体和范围

第十条 行政机关制作的政府信息，由制作该政府信息的行政机关负责公开。行政机关从公民、法人和其他组织获取的政府信息，由保存该政府信息的行政机关负责公开；行政机关获取的其他行政机关的政府信息，由制作或者最初获取该政府信息的行政机关负责公开。法律、法规对政府信息公开的权限另有规定的，从其规定。

行政机关设立的派出机构、内设机构依照法律、法规对外以自己名义履行行政管理职能的，可以由该派出机构、内设机构负责与所履行行政管理职能有关的政府信息公开工作。

两个以上行政机关共同制作的政府信息，由牵头制作的行政机关负责公开。

第十一条　行政机关应当建立健全政府信息公开协调机制。行政机关公开政府信息涉及其他机关的，应当与有关机关协商、确认，保证行政机关公开的政府信息准确一致。

行政机关公开政府信息依照法律、行政法规和国家有关规定需要批准的，经批准予以公开。

第十二条　行政机关编制、公布的政府信息公开指南和政府信息公开目录应当及时更新。

政府信息公开指南包括政府信息的分类、编排体系、获取方式和政府信息公开工作机构的名称、办公地址、办公时间、联系电话、传真号码、互联网联系方式等内容。

政府信息公开目录包括政府信息的索引、名称、内容概述、生成日期等内容。

第十三条 除本条例第十四条、第十五条、第十六条规定的政府信息外，政府信息应当公开。

行政机关公开政府信息，采取主动公开和依申请公开的方式。

第十四条 依法确定为国家秘密的政府信息，法律、行政法规禁止公开的政府信息，以及公开后可能危及国家安全、公共安全、经济安全、社会稳定的政府信息，不予公开。

第十五条 涉及商业秘密、个人隐私等公开会对第三方合法权益造成损害的政府信息，行政机关不得公开。但是，第三方同意公开或者行政机关认为不公开会对公共利益造成重大影响的，予以公开。

第十六条 行政机关的内部事务信息，包括人事管理、后勤管理、内部工作流程等方面的信息，可以不予公开。

行政机关在履行行政管理职能过程中形成的讨论记录、过程稿、磋商信函、请示报告等过程性信息以及行政执法案卷信息，可以不予公开。法律、法规、规章规定上述信息应当公开的，从其规定。

第十七条　行政机关应当建立健全政府信息公开审查机制，明确审查的程序和责任。

行政机关应当依照《中华人民共和国保守国家秘密法》以及其他法律、法规和国家有关规定对拟公开的政府信息进行审查。

行政机关不能确定政府信息是否可以公开的，应当依照法律、法规和国家有关规定报有关主管部门或者保密行政管理部门确定。

第十八条　行政机关应当建立健全政府信息管理动态调整机制，对本行政机关不予公开的政府信息进行定期评估审查，对因情势变化可以公开的政府信息应当公开。

第三章　主动公开

第十九条　对涉及公众利益调整、需要公众广泛知晓或者需要公众参与决策的政府信息，行政机关应当主动公开。

第二十条　行政机关应当依照本条例第十九条的规定，主动公开本行政机关的下列政府信息：

（一）行政法规、规章和规范性文件；

（二）机关职能、机构设置、办公地址、办公时间、联系方式、负责人姓名；

（三）国民经济和社会发展规划、专项规划、区域规划及相关政策；

（四）国民经济和社会发展统计信息；

（五）办理行政许可和其他对外管理服务事项的依据、条件、程序以及办理结果；

（六）实施行政处罚、行政强制的依据、条件、程序以及本行政机关认为具有一定社会影响的行政处罚决定；

（七）财政预算、决算信息；

（八）行政事业性收费项目及其依据、标准；

（九）政府集中采购项目的目录、标准及实施情况；

（十）重大建设项目的批准和实施情况；

（十一）扶贫、教育、医疗、社会保障、促进就业等方面的政策、措施及其实施情况；

（十二）突发公共事件的应急预案、预警信息及应对情况；

（十三）环境保护、公共卫生、安全生产、食品药品、产品质量的监督检查情况；

（十四）公务员招考的职位、名额、报考条件等事项以及录用结果；

（十五）法律、法规、规章和国家有关规定规定应当主动公开的其他政府信息。

第二十一条　除本条例第二十条规定的政府信息外，设区的市级、县级人民政府及其部门还应当根据本地方的具体情况，主动公开涉及市政建设、公共服务、公益事业、土地征收、房屋征收、治安管理、社会救助等方面的政府信息；乡（镇）人民政府还应当根据本地方的具体情况，主动公开贯彻落实农业农村政策、农田水利工程建设运营、农村土地承包经营权流转、宅基地使用情况审核、土地征收、房屋征收、筹资筹劳、社会救助等方面的政府信息。

第二十二条　行政机关应当依照本条例第二十条、第二十一条的规定，确定主动公开政府信息的具体内容，并按照上级行政机关的部署，不断增加主动公开的内容。

第二十三条　行政机关应当建立健全政府信息发布机制，将主动公开的政府信息通过政府公报、政府网站或者其他互联网政务媒体、新闻发布会以及报刊、广播、电视等途径予以公开。

第二十四条　各级人民政府应当加强依托政府门户网站公开政府信息的工作，利用统一的政府信息公开平台集中发布主动公开的政府信息。政府信息公开平台应当具备信息检索、查阅、下载等功能。

第二十五条　各级人民政府应当在国家档案馆、公共图书馆、政务服务场所设置政府信息查阅场所，并配备相应的设施、设备，为公民、法人和其他组织获取政府信息提供便利。

行政机关可以根据需要设立公共查阅室、资料索取点、信息公告栏、电子信息屏等场所、设施，公开政府信息。

行政机关应当及时向国家档案馆、公共图书馆提供主动公开的政府信息。

第二十六条　属于主动公开范围的政府信息，应当自该政府信息形成或者变更之日起20个工作日内及时公开。法律、法规对政府信息公开的期限另有规定的，从其规定。

第四章　依申请公开

第二十七条　除行政机关主动公开的政府信息外，

公民、法人或者其他组织可以向地方各级人民政府、对外以自己名义履行行政管理职能的县级以上人民政府部门（含本条例第十条第二款规定的派出机构、内设机构）申请获取相关政府信息。

第二十八条　本条例第二十七条规定的行政机关应当建立完善政府信息公开申请渠道，为申请人依法申请获取政府信息提供便利。

第二十九条　公民、法人或者其他组织申请获取政府信息的，应当向行政机关的政府信息公开工作机构提出，并采用包括信件、数据电文在内的书面形式；采用书面形式确有困难的，申请人可以口头提出，由受理该申请的政府信息公开工作机构代为填写政府信息公开申请。

政府信息公开申请应当包括下列内容：

（一）申请人的姓名或者名称、身份证明、联系方式；

（二）申请公开的政府信息的名称、文号或者便于行政机关查询的其他特征性描述；

（三）申请公开的政府信息的形式要求，包括获取信息的方式、途径。

第三十条　政府信息公开申请内容不明确的，行政机关应当给予指导和释明，并自收到申请之日起7个工作日内一次性告知申请人作出补正，说明需要补正的事项和合理的补正期限。答复期限自行政机关收到补正的申请之日起计算。申请人无正当理由逾期不补正的，视为放弃申请，行政机关不再处理该政府信息公开申请。

第三十一条　行政机关收到政府信息公开申请的时间，按照下列规定确定：

（一）申请人当面提交政府信息公开申请的，以提交之日为收到申请之日；

（二）申请人以邮寄方式提交政府信息公开申请的，以行政机关签收之日为收到申请之日；以平常信函等无需签收的邮寄方式提交政府信息公开申请的，政府信息公开工作机构应当于收到申请的当日与申请人确认，确认之日为收到申请之日；

（三）申请人通过互联网渠道或者政府信息公开工作机构的传真提交政府信息公开申请的，以双方确认之日为收到申请之日。

第三十二条　依申请公开的政府信息公开会损害第三方合法权益的，行政机关应当书面征求第三方的意见。第三方应当自收到征求意见书之日起15个工作日内提出意见。第三方逾期未提出意见的，由行政机关依照本条例的规定决定是否公开。第三方不同意公开且有合理理由的，行政机关不予公开。行政机关认为不公开可能对公共利益造成重大影响的，可以决定予以公开，并将决定公开的政府信息内容和理由书面告知第三方。

第三十三条　行政机关收到政府信息公开申请，能够当场答复的，应当当场予以答复。

行政机关不能当场答复的，应当自收到申请之日起20个工作日内予以答复；需要延长答复期限的，应当经政府信息公开工作机构负责人同意并告知申请人，延长的期限最长不得超过20个工作日。

行政机关征求第三方和其他机关意见所需时间不计算在前款规定的期限内。

第三十四条　申请公开的政府信息由两个以上行政机关共同制作的，牵头制作的行政机关收到政府信息公开申请后可以征求相关行政机关的意见，被征求意见机关应当自收到征求意见书之日起15个工作日内提出意见，逾期未提出意见的视为同意公开。

第三十五条　申请人申请公开政府信息的数量、频次明显超过合理范围，行政机关可以要求申请人说明理由。行政机关认为申请理由不合理的，告知申请人不予处理；行政机关认为申请理由合理，但是无法在本条例第三十三条规定的期限内答复申请人的，可以确定延迟答复的合理期限并告知申请人。

第三十六条　对政府信息公开申请，行政机关根据下列情况分别作出答复：

（一）所申请公开信息已经主动公开的，告知申请人获取该政府信息的方式、途径；

（二）所申请公开信息可以公开的，向申请人提供该政府信息，或者告知申请人获取该政府信息的方式、途径和时间；

（三）行政机关依据本条例的规定决定不予公开的，告知申请人不予公开并说明理由；

（四）经检索没有所申请公开信息的，告知申请人该政府信息不存在；

（五）所申请公开信息不属于本行政机关负责公开的，告知申请人并说明理由；能够确定负责公开该政府信息的行政机关的，告知申请人该行政机关的名称、联系方式；

（六）行政机关已就申请人提出的政府信息公开申请作出答复、申请人重复申请公开相同政府信息的，告知申请人不予重复处理；

（七）所申请公开信息属于工商、不动产登记资料等信息，有关法律、行政法规对信息的获取有特别规定的，告知申请人依照有关法律、行政法规的规定办理。

第三十七条　申请公开的信息中含有不应当公开或者不属于政府信息的内容，但是能够作区分处理的，行政机关应当向申请人提供可以公开的政府信息内容，并对不予公开的内容说明理由。

第三十八条　行政机关向申请人提供的信息，应当是已制作或者获取的政府信息。除依照本条例第三十七条的规定能够作区分处理的外，需要行政机关对现有政府信息进行加工、分析的，行政机关可以不予提供。

第三十九条　申请人以政府信息公开申请的形式进行信访、投诉、举报等活动，行政机关应当告知申请人不作为政府信息公开申请处理并可以告知通过相应渠道提出。

申请人提出的申请内容为要求行政机关提供政府公报、报刊、书籍等公开出版物的，行政机关可以告知获取的途径。

第四十条　行政机关依申请公开政府信息，应当根据申请人的要求及行政机关保存政府信息的实际情况,确定提供政府信息的具体形式;按照申请人要求的形式提供政府信息,可能危及政府信息载体安全或者公开成本过高的,可以通过电子数据以及其他适当形式提供,或者安排申请人查阅、抄录相关政府信息。

第四十一条 公民、法人或者其他组织有证据证明行政机关提供的与其自身相关的政府信息记录不准确的,可以要求行政机关更正。有权更正的行政机关审核属实的,应当予以更正并告知申请人;不属于本行政机关职能范围的,行政机关可以转送有权更正的行政机关处理并告知申请人,或者告知申请人向有权更正的行政机关提出。

第四十二条 行政机关依申请提供政府信息,不收取费用。但是,申请人申请公开政府信息的数量、频次明显超过合理范围的,行政机关可以收取信息处理费。

行政机关收取信息处理费的具体办法由国务院价格主管部门会同国务院财政部门、全国政府信息公开工作主管部门制定。

第四十三条 申请公开政府信息的公民存在阅读困难或者视听障碍的,行政机关应当为其提供必要的帮助。

第四十四条 多个申请人就相同政府信息向同一行政机关提出公开申请,且该政府信息属于可以公开的,行政机关可以纳入主动公开的范围。

对行政机关依申请公开的政府信息,申请人认为涉及公众利益调整、需要公众广泛知晓或者需要公众参与决策的,可以建议行政机关将该信息纳入主动公开的范围。行政机关经审核认为属于主动公开范围的,应当及时主动公开。

第四十五条 行政机关应当建立健全政府信息公开申请登记、审核、办理、答复、归档的工作制度,加强工作规范。

第五章 监督和保障

第四十六条 各级人民政府应当建立健全政府信息公开工作考核制度、社会评议制度和责任追究制度,定期对政府信息公开工作进行考核、评议。

第四十七条 政府信息公开工作主管部门应当加强对政府信息公开工作的日常指导和监督检查,对行政机关未按照要求开展政府信息公开工作的,予以督促整改或者通报批评;需要对负有责任的领导人员和直接责任人员追究责任的,依法向有权机关提出处理建议。

公民、法人或者其他组织认为行政机关未按照要求主动公开政府信息或者对政府信息公开申请不依法答复处理的,可以向政府信息公开工作主管部门提出。政府信息公开工作主管部门查证属实的,应当予以督促整改或者通报批评。

第四十八条 政府信息公开工作主管部门应当对行政机关的政府信息公开工作人员定期进行培训。

第四十九条 县级以上人民政府部门应当在每年1月31日前向本级政府信息公开工作主管部门提交本行政机关上一年度政府信息公开工作年度报告并向社会公布。

县级以上地方人民政府的政府信息公开工作主管部门应当在每年3月31日前向社会公布本级政府上一年度政府信息公开工作年度报告。

第五十条 政府信息公开工作年度报告应当包括下列内容:

(一)行政机关主动公开政府信息的情况;

(二)行政机关收到和处理政府信息公开申请的情况;

（三）因政府信息公开工作被申请行政复议、提起行政诉讼的情况；

（四）政府信息公开工作存在的主要问题及改进情况，各级人民政府的政府信息公开工作年度报告还应当包括工作考核、社会评议和责任追究结果情况；

（五）其他需要报告的事项。

全国政府信息公开工作主管部门应当公布政府信息公开工作年度报告统一格式，并适时更新。

第五十一条　公民、法人或者其他组织认为行政机关在政府信息公开工作中侵犯其合法权益的，可以向上一级行政机关或者政府信息公开工作主管部门投诉、举报，也可以依法申请行政复议或者提起行政诉讼。

第五十二条　行政机关违反本条例的规定，未建立健全政府信息公开有关制度、机制的，由上一级行政机关责令改正；情节严重的，对负有责任的领导人员和直接责任人员依法给予处分。

第五十三条　行政机关违反本条例的规定，有下列情形之一的，由上一级行政机关责令改正；情节严重的，对负有责任的领导人员和直接责任人员依法给予处分；构成犯罪的，依法追究刑事责任：

（一）不依法履行政府信息公开职能；

（二）不及时更新公开的政府信息内容、政府信息公开指南和政府信息公开目录；

（三）违反本条例规定的其他情形。

第六章 附 则

第五十四条 法律、法规授权的具有管理公共事务职能的组织公开政府信息的活动，适用本条例。

第五十五条 教育、卫生健康、供水、供电、供气、供热、环境保护、公共交通等与人民群众利益密切相关的公共企事业单位，公开在提供社会公共服务过程中制作、获取的信息，依照相关法律、法规和国务院有关主管部门或者机构的规定执行。全国政府信息公开工作主管部门根据实际需要可以制定专门的规定。

前款规定的公共企事业单位未依照相关法律、法规和国务院有关主管部门或者机构的规定公开在提供社会公共服务过程中制作、获取的信息，公民、法人或者其他组织可以向有关主管部门或者机构申诉，接受申诉的部门或者机构应当及时调查处理并将处理结果告知申诉人。

第五十六条 本条例自2019年5月15日起施行。

最高人民法院关于审理政府信息公开行政案件适用法律若干问题的解释

(2024年12月24日最高人民法院审判委员会第1939次会议通过 2025年5月19日最高人民法院公告公布 自2025年6月1日起施行 法释〔2025〕8号)

为正确审理政府信息公开行政案件,根据《中华人民共和国行政诉讼法》(以下简称行政诉讼法)、《中华人民共和国政府信息公开条例》(以下简称政府信息公开条例)等法律、行政法规的规定,结合行政审判工作实际,制定本解释。

第一条 公民、法人或者其他组织认为下列涉政府信息公开行为侵犯其合法权益,依法提起行政诉讼的,人民法院应当受理:

(一)向行政机关申请获取政府信息,行政机关告知政府信息无法提供或者不予处理的；

（二）行政复议机关对政府信息公开条例第十四条、第十五条、第十六条规定的不予公开行为作出行政复议决定的；

（三）认为行政机关提供的政府信息不符合其申请内容的；

（四）认为行政机关主动公开或者依他人申请公开政府信息侵犯其商业秘密、个人隐私等合法权益的；

（五）认为行政机关在政府信息公开工作中的其他行为侵犯其合法权益的。

第二条 公民、法人或者其他组织认为行政机关不依法履行主动公开政府信息职责，直接向人民法院提起诉讼的，应当告知其先向行政机关申请获取政府信息。

对行政机关的答复、逾期不予答复等行为不服的，可以依法申请行政复议或者提起行政诉讼。

第三条 认为行政机关作出的政府信息公开、不予公开等行为侵害其合法权益提起诉讼的公民、法人或者其他组织，属于行政诉讼法第二十五条第一款规定的"有利害关系的公民、法人或者其他组织"。

第四条 公民、法人或者其他组织对主动公开政府信息行为不服提起诉讼的,以公开该政府信息的行政机关为被告。

公民、法人或者其他组织对依申请公开政府信息行为不服提起诉讼的,以作出答复的行政机关为被告;逾期未作答复的,以收到申请的行政机关为被告。

根据政府信息公开条例第四条的规定,县级以上地方人民政府指定政府信息公开工作机构负责本机关政府信息公开日常工作,公民、法人或者其他组织对该机构以自己名义所作的政府信息公开行为不服提起诉讼的,以该机构为被告。

第五条 被告对其作出的政府信息公开、不予公开等行为的合法性承担举证责任。

有下列情形之一的,被告应当承担相应的举证责任:

(一)被告主张政府信息已经公开的,应当就公开的事实举证,并向人民法院提交其已告知申请人获取该政府信息方式、途径等证据;

(二)被告主张因公共利益决定公开涉及商业秘密、个人隐私的政府信息的,应当就认定公共利益的理由以及不公开可能对公共利益造成重大影响举证;

(三)被告主张原告申请公开的信息属于内部事务

信息不予公开的，应当就该信息属于人事管理、后勤管理或者内部工作流程信息等举证；

（四）被告主张原告申请公开的信息属于过程性信息不予公开的，应当就该信息系行政机关作出行政处理决定之前形成的内部讨论记录、过程稿、磋商信函、请示报告等举证；

（五）被告主张原告申请公开的信息属于行政执法案卷信息不予公开的，应当就该信息系行政执法过程中形成并记录于执法案卷的当事人信息、调查笔录、询问笔录等举证；

（六）被告主张政府信息不存在的，应当就其已尽合理检索义务等事实举证或者作出合理说明。

第六条 被告主张原告申请公开的信息系国家秘密不予公开，并提供密级标识、保密期限或者其他证明材料的，人民法院应予支持。

被告主张原告申请公开的政府信息公开后可能危及国家安全、公共安全、社会稳定，并提供该信息公开后可能产生不利影响的证据或者作出合理说明的，人民法院应予支持。

人民法院经审理认为政府信息公开后可能危及国家安全、公共安全、社会稳定的，有权要求当事人提供或者补充证据。

第七条 原告应当就下列事项承担举证责任：

（一）起诉要求被告公开政府信息的，应当就其曾向行政机关提出政府信息公开申请举证；

（二）起诉要求被告不得公开政府信息的，应当就政府信息涉及其商业秘密、个人隐私举证；

（三）就行政机关公开或者不予公开等行为可能损害其合法权益举证。

第八条 人民法院审理第一审政府信息公开案件，可以适用简易程序。

人民法院审理政府信息公开案件，应当视情采取适当的审理方式，避免泄露涉及国家秘密、商业秘密、个人隐私或者法律、法规和国家有关规定中要求应当保密的政府信息。

第九条 政府信息由被告的档案机构或者档案工作人员保管的，适用政府信息公开条例的相关规定。

涉及政府信息公开事项的档案已经移交各级国家档案馆的，依照有关档案管理的法律、法规和国家有关规定执行。

第十条 公民、法人或者其他组织提起的涉政府信息公开诉讼明显不符合行政诉讼法规定的起诉条件的，人民法院不予登记立案。

有下列情形之一的，人民法院裁定不予立案；已经立案的，裁定驳回起诉：

（一）按照《中华人民共和国行政复议法》第二十三条第一款第四项的规定，应当先向行政复议机关申请行政复议而未申请的；

（二）行政机关作出延长答复期限或者要求申请人补正等程序性告知行为的；

（三）单独起诉行政机关收取信息处理费决定的；

（四）申请人重复申请公开已经予以公开的政府信息，行政机关作出不予重复处理答复的；

（五）申请行政机关公开的信息属于工商、不动产登记等资料，行政机关告知其按照法律、行政法规规定查询的；

（六）要求行政机关为其制作、加工、分析政府信息，行政机关未予提供的；

（七）申请人以政府信息公开申请的形式进行信访、投诉、举报等活动的；

（八）要求行政机关提供政府公报、报刊、书籍等公开出版物的；

（九）认为公共企事业单位未公开在提供社会公共

服务过程中制作、获取的信息的；

（十）其他对公民、法人或者其他组织权利义务不产生实际影响的情形。

第十一条　有下列情形之一的，人民法院判决被告履行政府信息公开职责：

（一）被告对依法应当公开的政府信息拒绝或者部分拒绝公开的，人民法院判决撤销或者部分撤销被诉不予公开决定，并判决被告在二十个工作日内公开；

（二）被告对原告要求公开的申请无正当理由逾期不予答复，原告请求判决被告公开理由成立的，人民法院判决被告在二十个工作日内公开；

（三）被告不予公开的政府信息内容能够作区分处理的，人民法院判决被告在二十个工作日内公开能够公开的内容；

（四）被告以政府信息公开会损害第三方合法权益为由不予公开，但第三方在诉讼程序中同意公开且人民法院经审理认为可以公开的，判决被告在二十个工作日内公开。

第十二条　有下列情形之一的，人民法院判决确认违法：

（一）被告公开政府信息行为违法，但不具有可撤销内容的；

（二）被告在诉讼程序中公开政府信息，原告仍然要求确认原不予公开或者逾期不予答复行为违法的；

（三）被告不予公开或者不予答复行为违法，但判决公开没有意义的。

第十三条 政府信息尚未公开前，原告起诉要求被告不得公开政府信息的，人民法院经审理认为政府信息涉及原告商业秘密、个人隐私且不存在不公开会对公共利益造成重大影响的，应当判决被告不得公开政府信息。

诉讼期间，原告申请停止公开涉及其商业秘密、个人隐私的政府信息，人民法院经审理认为符合行政诉讼法第五十六条规定的，裁定暂时停止公开。

第十四条 有下列情形之一的，人民法院判决驳回原告的诉讼请求：

（一）被告作出的公开、不予公开的决定或者无法提供、不予处理的告知合法的；

（二）申请公开的政府信息内容已经向公众公开，被告告知申请人获取该政府信息的方式、途径和时间的；

（三）被告收到同一申请人的不同申请或者不同申请人内容相同的申请后，在同一个政府信息公开答复

中一并予以答复且答复内容合法的;

（四）原告起诉被告逾期不予答复理由不成立的；

（五）原告以政府信息侵犯其商业秘密、个人隐私为由请求不公开，理由不成立的；

（六）其他应当判决驳回诉讼请求的情形。

第十五条 本解释自 2025 年 6 月 1 日起施行。

本解释施行后，《最高人民法院关于审理政府信息公开行政案件若干问题的规定》（法释〔2011〕17 号）同时废止。最高人民法院以前发布的司法解释及规范性文件，与本解释不一致的，不再适用。